Buk und Benno
Eine bemerkenswerte
Freundschaft

Wolfgang Brenneisen

hat Bücher geschrieben und Ausstellungen gemacht.
Weitere Informationen unter:
https://de.wikipedia.org/wiki/Wolfgang_Brenneisen

Wolfgang Brenneisen

Buk & Benno

Eine bemerkenswerte Freundschaft

Herstellung und Verlag:

BoD – Books on Demand, Norderstedt

ISBN 9783759758750

Inhalt

Buk und Benno

Charles Bukowski hat die Lyrikszene bei uns ganz schön aufgemischt, das kann man wohl sagen. Ob mittlerweile sein Stern verblasst ist, ob er hier eine oder keine Schule gebildet hat, ob die deutschen Lyriker sich von dem Schock erholt und zu ihrer alten Würde zurückgefunden haben, lasse ich mal dahingestellt. Oder deutlicher ausgedrückt: Es ist mir wurscht. Seine Gedichte sind für mich weiterhin frisch und aktuell. Natürlich nicht alle, nicht jede Zeile. „Buk" hat viel geschrieben, Schreiben war für ihn so etwas wie Atmen, es gehörte zu seiner Lebensgestaltung und Lebensbewältigung. Er hatte nicht den Vorsatz, nur makellose Meisterwerke zu veröffentlichen. Doch insgesamt bleiben sein Stil, seine Kompromisslosigkeit, seine Schonungslosigkeit, auch und gerade sich selbst gegenüber, „so herrlich wie am ersten Tag" (mit den Worten eines anderen, einst populären Dichters und Lyrikers, den Buk, wenn er ihn überhaupt zur Kenntnis nahm, wahrscheinlich nicht mochte).

Nun ist das Werk eines Dichters eine Sache, die Rezeption durch die geneigte Leserschaft aber eine andere. Marcel Reich-Ranickis Statement, qualitätvolle Dichtung könne einfach nicht unentdeckt bleiben, mag stimmen oder auch nicht, doch manchmal lässt die wohlwollende Entdeckung lange auf sich warten.

Bukowski und wir haben Glück gehabt: Der Verleger Benno Käsmayr und der Übersetzer Carl Weissner waren diejenigen, die den Dichter hierzulande nicht nur bekannt gemacht, sondern zu einer begeisterten Aufnahme verholfen haben. Erfreut vermeldete Buk den Eingang von Schecks zu einer Zeit, als er in den USA noch nicht die gebührende Aufmerksamkeit gefunden hatte.

In den 80er-Jahren begann auch ich als Spätentwickler Gedichte zu schreiben. Da kamen mir Bukowskis Sachen zupass. Auch andere Autoren sagten mir zu, Brecht, Benn, Enzensberger, Han Shan, um nur ein paar zu nennen. Doch habe ich das Gefühl, dass Buks poetologischer Fußabdruck (oder Fußtritt) von besonderer Wirkung war. Zugleich hoffe ich, dass ich das bewunderte Vorbild nicht zu sehr nachgeäfft habe.

Wie auch immer, ich schickte ein paar lyrische Proben an Bukowskis deutschen Verlag, also den MaroVerlag. Und was soll man sagen, Benno Käsmayr mit seinem sicheren Instinkt für unentdeckte Talente gab grünes Licht für einen Gedichtband, der den Titel erhielt: „Also, die Kohle stimmt". Wie ich später erfuhr, hatten in der gesamten Verlagsgeschichte nur zwei unaufgefordert eingesandte Manuskripte die Weihe einer Publikation geschafft. Nachträglich wird mir noch ganz unheimlich zumute. Hätte ich gemäß aller Wahrscheinlichkeit den Zuschlag nicht erhalten – was wäre aus mir geworden? Manchmal schaut man in den Abgrund des Lebens, und der Anblick macht einen schaudern

Möglicherweise hatte Benno Käsmayr die Hoffnung, einen vielsprechenden jungen Lyriker aufgespürt zu haben, der dem Verlag zu schönen, bukowskihaften Einnahmen verhelfen würde. Dem war leider nicht so. Wie mir Lothar Reiserer, mein verdienstvoller Lektor, schrieb: „Die Kohle stimmt nicht!" Es war das Übliche: ein paar (positive) Rezensionen, ein paar hundert verkaufte Exemplare, das war's dann. Der große Durchbruch blieb aus.

Zugegeben, das war eine Enttäuschung. Aber die Geschichte hatte doch noch eine schöne Fortsetzung. Ich war nicht nur mit Benno in Kontakt getreten, sondern sogar mit Buk selbst. Ihm hatte ich ein Exemplar meines Bandes geschickt und überdies noch ein Gedicht ins Englische übersetzt. Und Buk hatte den Erhalt der Sendung schriftlich und mit Unterschrift bestätigt! Damit war der Bann gebrochen. Voller Tatendrang machte ich mich wieder ans Dichten.

Wie war das seinerzeit? Die Ereignisse liegen fast

schon ein halbes Jahrhundert zurück, meine Erinnerungen daran sind einerseits klar und plastisch, anderseits, wie soll ich sagen, schwebend und ätherisch. Insgeheim hatte ich die Hoffnung und das Ziel, einen zweiten Gedichtband bei dem geschätzten Verlag unterzubringen, der endlich alle die in mich gesetzten Erwartungen bestätigen würde. Also schickte ich immer wieder einmal ein Gedichtblatt an Benno. Aber zugleich auch an Buk, denn ich legte es mir so zurecht: Wäre Buk von einem Gedicht begeistert, dann würde seine Begeisterung auch Benno mitreißen, dieser würde seinem Herzen einen Stoß geben, alle anderen Projekte zurückstellen und meinen neuen Gedichtband zur Chefsache erklären.

Die Kommentare von Buk und Benno zu meinen Texten waren für mich von größter Bedeutung. Natürlich konnte ich nicht erwarten, dass die beiden Herren mir schriftliche Expertisen zukommen ließen, dafür hatten sie einfach keine Zeit. Die Stellungnahmen erfolgten fernmündlich, wie man damals gelegentlich sagte. Meine Telefonkosten waren horrend, doch die edle Sache war es mir wert.

Überraschend war es für mich zu erfahren, dass Buk auf seiner Deutschlandreise („Ochsentour") auch einen Blitzbesuch in Augsburg gemacht hatte. Davon berichtet Buk in "Shakespeare Never Did This" nichts. Doch Benno nannte mir den Grund, unter dem Siegel der Verschwiegenheit: Buk habe nicht gewollt, dass die wunderbare Freundschaft mit seinem deutschen Verleger in der Öffentlichkeit zerredet würde.

Was sich damals in der Welt und in meinem Kopf abspielte, habe ich hier getreulich wiedergegeben. Leider war es mir seinerzeit nicht in den Sinn gekommen, die Telefongespräche auf Tonband festzuhalten. Wäre das geschehen, könnte ich jetzt die Dinger als Vorlass an das Literaturarchiv Marbach verscherbeln und dafür ein Schweinegeld kassieren. Aber wer denkt schon so weit in die Zukunft. So hoffe ich, dass mir mein Gedächtnis keinen Streich gespielt hat. Eine innere Stimme sagt mir: Ja, genau so ist es gewesen! Ach, es war eine schöne, aufregende Zeit...

6-22-88

hello Wolfgang Brenneisen:

Thank you for the book with dedication,
also the translated poem.

On proposed visits, I average about
3 letters a week from people who want
to come by and talk, drink . . . .

I can't handle it. There is nothing
to talk about anyhow.

Hope you understand.

Surely,

Wie ein alter Freund

An der Autobahnauffahrt
nahm ich einen alten
Schimpansen mit. Ich weiß
nicht, hatte er Urlaub
oder war er ausgerückt.
Ein höchst angenehmer
Begleiter und Zuhörer.
Löste mich auch mal
am Steuer ab und hatte nichts
gegen eine Dose Bier.
Bei Heilbronn wollte er
raus, ich gab ihm noch
eine gebrauchte Bundeswehrhose
mit, für den Winter.
Mach's gut, bald war er
verschwunden in den dunklen
Vorgärten. Anfang November,
war wie ein Abschied
von einem alten Freund.

Dieses Gedicht hatte ich ins Englische übersetzt und an Bukowski geschickt. Es kam eine Antwort! Ein Brief mit amerikanischer Briefmarke und einem Rotweinflecken drauf, also authentisch und museumsreif. Buk bedankte sich als ein Gentleman mit guten Manieren. Aber das war auch alles, was mich etwas enttäuschte. Insgeheim hatte ich gehofft, er würde in mir die neue lyrische Hoffnung auf dem alten Kontinent entdecken und mir Erfolg bei einem renommierten Verlag wünschen. Nun ja, vielleicht war mein Englisch etwas ungelenk. Nichtsdestoweniger war es ein Autograph von Buk und quasi ein halber Ritterschlag. So setzte ich mich an die Schreibmaschine und tippte guten Mutes ein neues Gedicht.

Dichterlesung

Kerzen und Lorbeer
schob der Dichter zur Seite
und ergriff den zottigen Dudelsack.
Die ersten Töne trafen
die Eingeweide der Zuhörerschaft.
Fluchtbereit sah man zum
Ausgang und hoffte auf
Mäßigung. Doch atemholend
stieß er Worte wie Flüche aus,
getragen von dunklem Dröhnen.
Hurendichtung war es und
Lieder der Tapferkeit, Shiva
tanzte, der große Einstein
fiedelte aus dem Nirvana.
Ein pfeffriger Abgang,
am Ende ein Ton
wie von versunkenen Glocken.
Da gewannen zwei nächtliche
Polizisten, hartgesottene Zweifler,
ihren Kinderglauben wieder.

Harbour Street

Die Möwen äugen schwarz und
weiß von den Dächern wie
in einem alten Film,
in dem der Regen
fällt und fällt.
Die Schultern hochgezogen,
ratlose Liebhaber,
warten sie auf irgendwas
Tolles, auf eine Eruption
in der Harbour Street.
Aber das Wasser rinnt einfach
an ihren glatten Federn
herab und tropft
auf die Schieferplatten.
Ein Betrunkener schlingert vorbei,
und das war's dann.

Mit diesem Gedicht wollte ich Buk eine Freude machen. Buk ist wohnhaft in L.A., also am Pazifischen Ozean, und kann mit einer maritimen Szenerie etwas anfangen, dachte ich. Am Telefon sagte er, Möwen seien für ihn nichtssagend, als Personal hätte er Pferde eingesetzt. Andererseits Pferde „als ratlose Liebhaber"? Das sei Bullshit. Tja, das war so sein Kommentar, und mit etwas Anstrengung wertete ich ihn als zustimmend.

Stadtführung

Buk wollte unbedingt die Stadt Augsburg kennen lernen. Benno war zu einer Führung bereit. Sie machten sich stadtfein und gingen los, zu Fuß wohlgemerkt. Benno erklärte dieses und jenes Gebäude. Buk war begeistert. Im Gegenzug versprach er, Benno mit L.A. vertraut zu machen. Allerdings by car, da die Stadt etwas weitläufig sei. Benno fing schon an sich zu freuen.

Um die Stadt rum

Um die Stadt rum
ist viel Land.
Ein paar rostige Schienen
hören irgendwo auf
im Gras. Alte Auto-
Karosserien verbringen hier
ihren Lebensabend
in der Sonne.
Ein räudiger Hund
stromert rum, lautlos.

Hier ist alles unaufgeräumt,
ohne Asphalt, ohne Sinn.
Die Stadt hat zum Sprung
angesetzt und dann einfach
die Lust verloren.
Die Stadt kopuliert
woanders. Hier ist
nichts, ein Hektar
Nichts neben dem anderen.

Hier ist Niemands-
land. Ohne Mauern
kannst du glatt
deine Identität verlieren.
Am Sonntag morgen
trommeln hier
die Buddhisten.
Hier kannst du
wahnsinnig werden.

*Buk sagte, das mit den Buddhisten sei interessant. Er ha-
be sich auch mal mit Buddha beschäftigt. Interessanter
Mann, interessantes Leben, der Typ hätte Gedichte
schreiben sollen! Die Idee von der Wiedergeburt. Stell dir
vor, sagte Buk, du verlässt deinen irdischen Körper – und
wachst auf als altes Schrottauto. Heiliger Strohsack, dar-
auf wäre ich nicht gekommen! Da hatte ich das Gedicht
so runtergeschrieben, und nun stellte sich heraus: Es
steckt jede Menge Tiefsinn drin…*

Alfonso d'Albuquerque

Alfonso d'Albuquerque
hat keine versöhnlichen
Briefe hinterlassen.
Als kommissarischer Seeheld
im Indischen Ozean
suchte er dennoch
den Dialog, der sich ohne
seine Schuld verschärfte.
Vertrauen gegen Vertrauen,
dazu stand er, auch
bei gottverdammten Mauren.
Menschlich enttäuscht
wurde er Vizekönig von Indien
und mehrte den christlichen Einfluss.

Bei meinen Streifzügen in der Weltgeschichte entstand dieses Gedicht, ich schickte es spornstreichs an Buk. Er rief mich an, mitten in der Nacht (das hatte mit der Zeitverschiebung zu tun) und sagte, zwar kenne er diesen A. nicht, aber es müsse ein richtiges Arschloch sein. Ich freute mich, einen kompetenten Leser gefunden zu haben, der auch mal ein offenes und zugleich anerkennendes Wort riskierte.

Am Roten Tor

Bei ihrer Sightseeing-Tour durch Augsburg stießen Buk und Benno am Roten Tor auf eine merkwürdige Gestalt. What's that?, fragte Buk entgeistert. Ein typischer Augsburger, antwortete Benno. Buk: No kidding? Benno (strahlend): Kidding.

Der Uhu

Heute abend habe ich
meinen ersten Uhu gesehen.
Oben auf dem Telegraphenmast.
Ich leuchtete mit der Taschen-
lampe hoch – er saß einfach da.
mit phosphoreszierenden Augen.

Wow! Mein erster Uhu.

Dann klingelte das Telefon.
Ich ging rein und nahm den Hörer ab.
Nichts Besonderes, nur
falsch verbunden.

Ich ging wieder raus
zum Uhu.
Er war weg.

Zum Kotzen.
So einen Uhu
sehe ich vielleicht nie wieder.

Charles Bukowski

Das Gedicht ist korrekt ins Deutsche übersetzt, doch in Wahrheit besingt Bukowski nicht einen Uhu – sondern einen Wolpertinger! Fraglos ist es eines der schönsten Wolpertinger-Gedichte der Weltliteratur. Aber warum ist das der Forschung bisher entgangen? Ganz einfach, weil Bukowski statt Wolpertinger „eagle owl" sagt, was der Übersetzer formal zutreffend mit „Uhu" übersetzt hat. Damit ist der Wolpertinger semantisch kaschiert und nicht greifbar. Aufklärungsarbeit ist also dringend erforderlich.

„Wolpertinger" konnte Bukowski nicht schreiben, weil er zwar als Heinrich Karl Bukowski in Andernach am Rhein geboren wurde, aber schon mit drei Jahren in die USA kam und des Deutschen, geschweige denn des Bayerischen nicht mächtig war.

Als er nun an besagtem Abend jenes merkwürdige, ziemlich große Wesen auf dem Telegraphenmast sah, nahm er eben die Vokabel, die ihm als Amerikaner zur Verfügung stand, also „eagle owl". Nach allem, was wir über Buk wissen, hatte er zu diesem Zeitpunkt schon ein paar Drinks intus und konnte wahrscheinlich die Kreatur nicht zweifelsfrei identifizieren. Dieses doppelte Handicap musste zwangsläufig eine gewisse Irreführung des Lesers verursachen.

Natürlich wird man sich fragen, wie der bayerische Wol-

pertinger in die USA gekommen ist. Die Antwort liegt na-
he: Der Auswanderungswelle von Deutschland, also auch
von Bayern, in die neue Welt schlossen sich insgeheim
auch einige Wolpertinger an. In Amerika, vor allem im
Nordwesten der USA, taucht er wieder auf - als „Jackalo-
pe". Gemeinhin wird er als Hase mit Antilopengeweih dar-
gestellt. Die Ähnlichkeit mit dem uns allen bekannten
bayerischen Wolpertinger ist frappant. Der Schluss liegt
nahe: Es muss der Wolpertinger sein!

In unserem Fall handelt es sich um den geflügelten
Wolpertinger (Wolpertingus volans). Es ist eine schicksal-
hafte Begegnung: Der Dichter als der große Einzelgänger
begegnet einem Geistesverwandten. Man sieht sich an,
die Augen des Wolpertingers phosphoreszieren, ein Fun-
ke könnte überspringen, in Buks Kopf beginnt sich schon
ein großartiger Gedanke zu bilden – da läutet das Tele-
fon. Irgendein Depp, man muss es so deutlich sagen,
macht mit seinem blöden Anruf alles zunichte.

Man könnte weinen, wenn man bedenkt, was für ein
Meisterwerk auf schnöde Art vereitelt wurde! Immerhin ist
dieses Gedicht entstanden, nur die Vorstufe zu Größe-
rem, jedoch auch schon ein genialer Wurf, oder nicht?

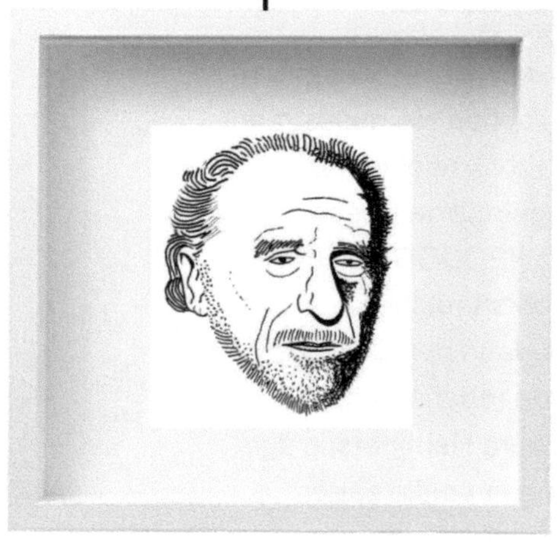

Husum

Gegrüßest seist du,
Husum, grauer Meerstern
am flachen Nordseestrand!
Am Kiosk reichte mir
der gutmütige Friese
ein THEODOR-STORM-
Krabbenbrötchen.
Das Haus des Dichters
wurde repariert und
schwere Hammerschläge
drangen an die zarten
Ohren der Eulen, die
EMIL NOLDE einst
(mit vielen Flüchen)
als junger Stift ins
Schreibtischholz geschnitzt.
Der Nachmittag im
Café STORM, die Torten
gut, das Durchschnittsalter
dreiundsiebzig. O Husum!
Grauer Meerstern
am stormgepeitschten Strand!

Der wahre Dichter hat nie Urlaub, immer gibt es was zu bedichten. So hielt es auch ich, als ich in Husum Urlaub machte. Herauskam dabei dieses Gedicht, das ich Benno für den nächsten Band schickte. Benno hatte Bedenken. Wo liegt dieses Husum überhaupt, fragte er (das war noch die Zeit vor Google Maps). Und haben die auch eine Buchhandlung? Ich erzählte ihm von Husum mit seinen drei Buchläden und sagte, die Stadt würde sich durch dieses Gedicht sicher außerordentlich geehrt fühlen. Würde es in einem Buch angeboten werden, würden die Husumer Schlange stehen, um die Publikation zu erwerben. Desungeachtet blieb Benno skeptisch. Wer von uns beiden recht hatte, muss die Zukunft lehren.

fliegen, ach fliegen

Wenn ich ein Vöglein wär'
und auch zwei Flügel hätt',
flög' ich zu dir;
weil's aber nit sein kann,
weil's aber nit sein kann,
bleib ich allhier.

Wenn ich der Elon wär'
und die Milliarden hätt',
braust' ich zu dir;
weil's aber nit sein kann,
weil's aber nit sein kann,
bleib ich allhier.

Ein Augenblick in Manhattan

Wolkenkratzer: diese erstaunlich
überflüssigen Erfindungen,
intellektuelle Steilheiten
mit schillernder Libellenhaut.
Ich blinzle hinauf wie eine
kurzsichtige Bulldogge.
Und aus dem makellosen Blau
peitscht eine barrakuda-
köpfige Concorde
ihren Schatten
übers Glas.

Augs
burger
Hasen
bräu

In der Kälberhalle

In der Kälberhalle gefiel es Buk am besten. „They make good beer here", sagte er anerkennend zu Benno. Sie tranken ein Bier nach dem anderen, die Stimmung wurde immer kreativer. Buk notierte ein Gedicht auf einem Bierdeckel. Und noch eines und noch eines. Benno sah im Geiste schon einen braufrischen Gedichtband in seinem MaroVerlag. Aber irgendwie wurde nichts draus. Am nächsten Tag konnten sie sich nicht mehr an alles erinnern. Wahrscheinlich hatte die Bedienung den Abfall weggeräumt und dazu auch die vollgekritzelten Bierdeckel gezählt. Wieder könnte man sich die Haare raufen, was in dieser Nacht an unersetzlichen Kulturschätzen verloren ging…

In Niedersachsen

Die Damen wirkten überraschend
orientalisch, mit einem Drall
ins Üppige, zum Bauchtanz
ohne weiteres geeignet.
Irgendwas fing an, in meinem
Kopf zu kreisen, Flöten
jaulten (wurde ich langsam
verrückt?), der Raum wogte
von schweren Parfums, ich
nach dem letzten Wort raus
und presste die heiße Stirn
gegen das Autoblech.
Es war exakt Vollmond
über Niedersachsen. Venus
näherte sich dem Steinbock,
vielleicht eine ungünstige
Konstellation.

Sehr interessante Situation, sagte Buk. Lower Saxony – dahin müsste er bei seiner nächsten Deutschlandreise unbedingt einen Abstecher machen. Vielleicht wäre es dann genau andersherum: Capricorn approaching Venus. Ich solle an der Sache dranbleiben, schärfte mir Buk ein. Ich war überglücklich, diesmal ins Schwarze getroffen zu haben, und machte mich gleich an das nächste Gedicht mit eben dieser Thematik.

Am Morgen

Zuerst allerlei
Zappelvorgänge, störender
Belag auf der Zunge.

Sich rasierend hört man
von einem Flugzeugabsturz,
ausgerechnet über einer
Müllkippe.

Immerhin eine saubere,
umweltfreundliche Lösung.

Der Gedanke an den Kauf
einer klassischen spanischen
Armeehose beflügelt.

Jamaica acid
aus den Boxen,
der Tag nimmt einen
günstigen Verlauf.

Ja, ja, das kenne er, sagte Buk. Fidgety movements am Morgen. Manchmal hilft ein schöner Gedanke, oft nicht. Manchmal hilft ein Sixpack, um wieder in die Gänge zu kommen. Manchmal hilft gar nichts. Der Morgen ist so beschissen wie der Abend. Warum lebt man? Warum schreibt man? Ich weiß es nicht, sagte Buk. Seine Worte gaben mir zu denken. Ich nahm den Kuli und strich „günstigen" durch. Benno fand das nicht gut. Der Dichter müsse auch an seine Leser denken und dürfe ihnen nicht die Lebensfreude vergällen.

Nur für
MARO

Die Zirbelkiefer

Buk bemängelte, dass es in der Zirbelstraße, wo der MaroVerlag residiert, keine Zirbelkiefern gebe. Man müsse pflanzen! 7000 schlug er vor und dachte dabei vermutlich an die 7000 Eichen von Joseph Beuys. Benno hielt das für übertrieben. Sie diskutierten tage- und nächtelang über dieses Mammutprojekt. Schließlich einigten sie sich darauf, eine (1) Zirbelkiefer zu pflanzen, direkt vor dem Eingang des MaroVerlags. Das war eine schöne Geste als symbolischer Ausdruck für die deutsch-amerikanische Freundschaft. Leider ging die zarte Pflanze nach einem halben Jahr ein. Buk war schon längst wieder in L.A., hatte die Sache völlig vergessen, und Benno hütete sich davor, am Telefon über Zirbelkiefern zu sprechen.

Auf der Straße nach Canterbury

Apostel natürlich, pensionierte
Obristen, leichte Mädchen und der
Schwarze Mann – alle waren sie
auf der Straße nach Canterbury,
unterwegs zum Heiligen Thomas.
Andachtsübungen wechselten mit
flotten Liedern und Geschichten:
eine denkwürdige Wallfahrt. Da
ragte die Stadt auf, wie
in den Himmel geschmiedet.
Da besann man sich,
da schied man voneinander,
da gab man sich frostig die Hand.

Mit diesem Gedicht hatte ich es schwer. Benno sagte, Canterbury liege nicht auf der Linie Augsburg – L.A., die Maro-Leser würden so etwas für abwegig halten. Buk meinte, er sei einmal in seinem Leben in Canterbury, Connecticut, gewesen – ein trostloses Kaff, von einer Wallfahrt dorthin könne er nur dringend abraten. Egal, ich denke das Gedicht hat was. So war es vor einem halben Jahrtausend, und nichts hat sich geändert oder gebessert. So sind die Menschen, so ist das Leben.

Glücklicher Fehlgriff

Neulich beim Zeitunglesen
las ich flüchtig und falsch.
Chauvinistisch, hieß es,
ich aber las:
CALVINISTISCH!
Mein Gott, welche
Veränderung in meinem Kopf!
Ich sag Ihnen, mit einem Streich
wurde die Welt
fromm und ordentlich!
Der gestrenge HERR da oben
hat vielleicht
für einen Moment
gelächelt

Benno sagte, ich solle nicht so einen Scheiß lesen. Stell dir vor, sagte er, einer liest dein Gedicht genauso schlampig! Zerknirscht ging ich in mich und warf das Zeug in den Papierkorb. Aber später holte ich es wieder raus. Möge die Nachwelt über Wert oder Wert urteilen, dachte ich. Vielleicht ist dieses Gedicht das einzige Zeugnis, das zukünftige Archäologen von unserer untergegangenen Zivilisation finden. Auf ihre Deutungen wäre ich gespannt!

Das Denkmal

Um Buk zu ehren, wollte Benno ein Denkmal vor dem Rathaus installieren. Rotraut Susanne Berner machte den Entwurf, und bei Nacht und Nebel errichtete die komplette Mannschaft des MaroVerlags das Ding an besagter Stelle. Zunächst mit viel Styropor, Holz und Pappe. Alle waren zufrieden. Benno sagte, der Oberbürgermeister wäre sicher begeistert und würde seinen ganzen Einfluss geltend machen, die Vision in Marmor umzusetzen. Die stolze Reichsstadt Augsburg hätte eine moderne Sehenswürdigkeit mehr, und was für eine! Tatsächlich aber wurde das Kunstwerk schon am nächsten Tag von der Müllabfuhr beseitigt, und Benno flatterte eine Anzeige wegen groben Unfugs ins Haus. Bedauernd sagte er zu Buk, Kunst und Kultur hätten es eben schwer, in der Neuen wie in der Alten Welt. Buk fand alles sehr amüsant.

Buk &
Benno

Vernissage

Der Galerist, spitzbärtig,
im Bratenrock, öffnete die
Flügeltüren. Die Avantgarde strömte
herein, in der Art freundlicher
Rasiermesser. Elias war heute
dran, hielt Strafgericht über die
Baalspriester unter wachsamen
Augen. Man wartete auf einen
Schwächeanfall, aber er blieb
aufrecht. So gab es reichlich
Beifall und warmen Händedruck.
Irgendwann würden sie ihn schon
erwischen.

Die Krise

Als der Mensch nicht mehr war,
drängten die Rinder in den Schlachthof,
aber keine gütige Hand hob sich,
um zu töten.
Der Hund wusste nicht,
wohin mit seiner Treue.
Selbst Mäuse und Ratten, einst
von des Menschen Grimm verfolgt,
irrten ratlos umher
in den Steinen.
Hirsch und Reh vermehrten sich
ohne Lust. Schwer
lag der Fluch
der Freiheit auf der Kreatur.
Die Wälder wuchsen
jahrtausendelang.
Die Schöpfung wurstelte weiter.
Neue Farben und Blüten
brachen aus der Erde
und ungewohnte Schreie hallten
in der Nacht.
Nur die Sonne
ging auf
wie einst.

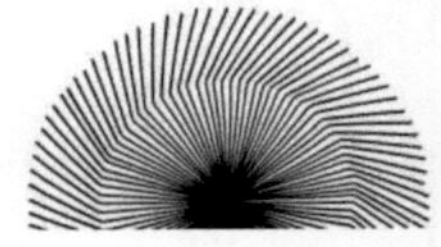

Dieses Gedicht hatte ich Benno geschickt, zur wohlwollenden oder auch kritischen Würdigung. Aber die Tage vergingen, und es erfolgte keine Reaktion. Schließlich griff ich zum Telefonhörer und rief an. Lothar war am Apparat. Er sagte, die Druckmaschine würde streiken, Benno habe alle Hände voll zu tun und könne sich wahrhaftig nicht auch noch mit Gedichten beschäftigen, die da unaufgefordert und meist zur Unzeit hereingeschneit kämen. Seufzend legte ich auf. Ich sehe mich also genötigt, dieses Gedicht ohne Absegnung durch den Profi der Öffentlichkeit vorzulegen. Dies geschieht nicht ohne Bangen.

Spione

Spione sind rastlos.
Sie klettern über Dächer
und waten durch dick
und dünn in unterirdischen
Röhren etc.

Eben noch funkelt ein Auge
an irgendeinem Loch, schon
ist es getarnt
in den Pferdebohnen.

Selbst ertappt und
aufgeknüpft zappelt
so ein Spion rastlos
im Wind,

denn im Ruhezustand
weiß er sich wertlos
für den Arbeitgeber.

Mit Spionen kenne er sich nicht aus, sagte Buk, aber vermutlich würden sie sich auch an der Pferderennbahn tummeln, die Zeile mit den Pferdebohnen würde das nahelegen. Allerdings hätte er keinen Blick für solche Typen, deshalb könne er nichts Definitives zu dem Gedicht sagen. Wahrscheinlich sei es in Ordnung. Wäre was für die CIA, die könnten da vielleicht was lernen. Andererseits sei mit der CIA nicht zu spaßen, watch out! Benno meinte, die erste Zeile sei einfach genial, sie sei wie die Ouvertüre zu einer großen Oper. Und sei der Dichter nicht auch eine Art Spion, der Dinge aufspürt, die anderen verborgen bleiben? Wie wahr! Ich fühlte mich verstanden und war gerührt.

Neubeginn

Der Wagen, der wegfährt,
hinterlässt eine Öllache.
Fußgänger schmieren
mit jedem Schritt
Blut auf den Asphalt.
Überall verlieren Systeme
wichtige Substanzen.
O schleichender Verfall –

Mutter Sonne!
Noch einmal rammelst du
mit letzter Kraft
über die abgeschabten Hügel
und fällst pfeifend
hinter den Horizont –

Da liegen Häuser
in der Nacht herum,
schwarz und hohl
wie dürre Witwen
und fahren hoch,
wenn der neue Tag beginnt
und schreit und lärmt –

ein
rotes,
schwachsinniges
gesundes Kind.

Bei diesem Gedicht fühlte sich Benno an seine Druckmaschine erinnert, die immer wieder mal den Geist aufgab, und Buk sagte, dass sein alter Ford zu viel Öl schlucke. Das war alles, was ihnen zu diesem Gedicht, das mich viel Zeit und Mühe gekostet hatte, einfiel. Ich war enttäuscht. Etwas Anerkennung und Zuspruch hätte ich mir schon gewünscht. Andererseits, man muss auch mal akzeptieren, wenn etwas nicht so läuft, wie man sich das vorgestellt hat. Und so hielt ich an meiner Hochachtung für die beiden Herren fest.

AUGSBURG
HALL
OF FAME

Hinweise

S. 28: Charles Bukowski, Ein schlampiger Essay über das Schreiben und das verfluchte Leben und ausgewählte Gedichte, Übersetzung von Carl Weissner, MaroVerlag 2010/2011, S. 20, gekürzt.

S. 51: Comics von Bukowski, aus: Charles Bukowski, Alle reden zu viel und andere Gedichte, MaroVerlag 2015, Anhang.

edition imme

Wolfgang Brenneisen
Sei einfach, einfach du selbst
15 Gedichte
Books on Demand, Norderstedt
ISBN 9783750492684

Wolfgang Brenneisen
15 moderne Gedichte
im kleinen roten Buch
Books on Demand, Norderstedt
ISBN 9783756211791

Wolfgang Brenneisen
Ernst Jandl zu Ähren
Books on Demand, Norderstedt
ISBN 9783758372216

Wolfgang Brenneisen
Geschichten aus Absurdistan
Books on Demand, Norderstedt
ISBN 9783738634501

edition imme

Wolfgang Brenneisen
Der Wolpertinger in der Weltliteratur
Books on Demand, Norderstedt
ISBN 9783757811969

POETRY
EXIT